NOUVELLE
REVUE HISTORIQUE

DE

DROIT FRANÇAIS ET ÉTRANGER

PUBLIÉE SOUS LA DIRECTION DE MM.

R. DARESTE

Membre de l'Institut,
Conseiller honoraire
à la Cour de cassation

A. ESMEIN

Membre de l'Institut,
Professeur
à la Faculté de droit de Paris,
Dir.-adj. à l'École pratique
des Hautes-Études

G. APPERT

Docteur en droit

J. TARDIF

Docteur en droit,
Archiviste-Paléographe

M. PROU

Professeur
à l'École des Chartes.

SECRÉTAIRE DE LA RÉDACTION

Georges APPERT

Docteur en droit,

9, Rue du Val-de-Grâce.

LES TRAVAUX RÉCENTS
SUR L'ÉTAT SOCIAL DES GERMAINS
ET SUR LES SOURCES DU DROIT DE L'ÉPOQUE FRANQUE
et la nouvelle édition de la *Deutsche Rechtsgeschichte* de M. BRUNNER
Par Robert CAILLEMER

LIBRAIRIE

DE LA SOCIÉTÉ DU RECUEIL J.-B. SIREY ET DU JOURNAL DU PALAIS

Ancienne Maison L. LAROSE & FORCEL

22, rue Soufflot, PARIS, 5e arr.

L. LAROSE & L. TENIN, Directeurs

LES
TRAVAUX RÉCENTS

SUR L'ÉTAT SOCIAL DES GERMAINS

ET SUR LES

SOURCES DU DROIT DE L'ÉPOQUE FRANQUE

et la nouvelle édition de la *Deutsche Rechtsgeschichte*
DE M. BRUNNER

Il y a vingt ans, en 1887, M. Brunner faisait paraître le premier
volume de sa magistrale histoire du droit allemand. Ce tome Ier
nous revient aujourd'hui, considérablement augmenté et rema-
nié (1). Dans ces vingt dernières années, des travaux nombreux
ont paru sur le droit de l'antiquité germanique et de la période
franque. L'ouvrage de M. Brunner a rendu de grands services
à tous ceux qui ont travaillé sur le droit de ces périodes, et ils
ont, à son endroit, une forte dette de gratitude. Mais leur activité même rendait nécessaire une mise au point de l'œuvre du
maître. La nouvelle édition qui vient de paraître permet précisément de dresser le bilan du travail de ces vingt années. Il
suffit de jeter les yeux sur la bibliographie qui précède chacun
des chapitres du livre de M. Brunner, pour se rendre compte
de l'importance de l'effort réalisé. Cette bibliographie a doublé,
et elle aurait pu être plus abondante encore, si M. Brunner
avait fait aux ouvrages non allemands, en particulier aux ouvrages français, une part un peu plus large.

(1) HEINRICH BRUNNER, *Deutsche Rechtsgeschichte*, I, 2° éd., Leipzig, 1906,
in-8°, XV et 629 pages (K. Binding, *Systematisches Handbuch der deutschen
Rechtswissenschaft*, Abt. II, Teil I, Band I).

Le livre s'est accru de plus de deux cents pages. Cet accroissement est dû, pour partie, à des transpositions, et l'on trouvera, par exemple, dans le tome Ier, les développements qui se
trouvaient jadis dans le tome II sur la définition et les carac-
tères du délit (*Die Missetat*, § 21) ; de plus, M. Max Rintelen a
ajouté à ce tome Ier une très utile table alphabétique des ma-
tières. Mais, si l'on met à part ces quelques retouches, le plan
primitif de l'ouvrage n'a pas été modifié. Le tome Ier contient,
comme autrefois, l'étude de l'antiquité germanique et le début
de l'étude de la période franque : état social des Germains au
moment des invasions, et sources du droit. Dans ces condi-
tions, l'accroissement de l'ouvrage tient, pour la plus large
part, à des développements nouveaux.

Assurément, l'auteur ne s'est point départi de sa méthode
ancienne, et n'a point changé l'allure générale de son œuvre.
Systématiquement, M. Brunner refuse d'entrer dans le détail
des discussions et des controverses. Il expose dogmatiquement,
rejetant, au cours de sa route, les opinions divergentes. L'on
regrettera même souvent que l'auteur ne développe pas avec
un peu plus d'ampleur les doctrines qui s'écartent des siennes.
Il aurait pu, par quelques notes qui n'auraient pas grossi déme-
surément son livre, exposer dans leur ensemble les thèses d'un
Heck, d'un Wittich, d'un Julius Ficker, sauf à les combattre
ensuite point par point, au fur et à mesure de ses développements. Le lecteur qui s'en tiendrait au seul livre de M. Brunner aurait quelque peine à se représenter la nature et la portée
exactes de ces théories, qui, pour la plupart, ne sont indiquées
que fragmentairement, sur des points particuliers. En procé-
dant ainsi, M. Brunner expose le lecteur, non prévenu par des
lectures antérieures, à ne point apercevoir l'importance de ses
propres développements, et à ne point se douter que, sous
telle affirmation dogmatique et tranquille de l'auteur, se cache
en réalité un argument, peut-être décisif, contre un de ces
systèmes divergents.

Le texte du livre a été l'objet d'une révision minutieuse, et
a même subi, çà et là, une refonte totale. Mais ce sont principalement les notes qui se sont accrues. C'est grâce à elles surtout que l'on peut se rendre compte, notamment pour l'Al-
lemagne, du travail opéré depuis vingt ans dans le domaine

de l'histoire du droit germanique. Nous ne pouvons, dans les limites d'un compte rendu, indiquer, même sommairement, ces additions et ces développements nouveaux. Nous noterons, comme particulièrement intéressants dans cette nouvelle édition, les renseignements abondants fournis, dans certains paragraphes, sur les droits scandinaves; nous noterons aussi les développements très nouveaux et très nourris que M. Brunner donne (§ 24) sur la procédure : serment, ordalies, duel judiciaire. Mais nous voudrions surtout, dans les quelques lignes qui vont suivre, relever la position prise par M. Brunner sur quelques questions capitales, très discutées au cours de ces dernières années : classes sociales, formes de la famille, et sources du droit; et cela nous permettra, en même temps, d'attirer l'attention sur une série de travaux de premier ordre, qui n'ont point encore été signalés aux lecteurs de la *Nouvelle Revue historique.*

I

Depuis une dizaine d'années, l'on a vu, à propos de la question de l'organisation sociale des Germains, surgir des théories nouvelles et reparaître d'anciennes théories que l'on pouvait croire abandonnées. Ce sont des travaux sur le tarif des compositions dans les diverses lois barbares qui ont donné naissance à toute cette littérature récente, et à des controverses qui ne semblent pas encore près de s'apaiser. On sait comment la question des classes sociales est liée à celle du taux du *wergeld* (1); et, comme le calcul du *wergeld* se fait d'après plusieurs systèmes monétaires différents dans les différentes *Leges*, les questions monétaires de l'époque franque ont pris une importance capitale pour l'histoire du droit de cette période.

Dans deux ouvrages qui ont eu un gros retentissement (*Die altfriesische Gerichtsverfassung* et *Die Gemeinfreien der karolingischen Volksrechte*) (2), M. Philipp Heck, contrairement à

---

(1) Seul, M. Rietschel a essayé de nier le lien existant entre les deux questions, sous ce prétexte que les taux du *wergeld* se sont constitués séparément, après les invasions, dans les différentes races, et que l'on ne peut dès lors établir entre eux des rapprochements: *Gött. gel. Anzeigen*, 1902, p. 100.

(2) Ces deux ouvrages ont paru en 1894 et en 1900. Le second de ces deux

l'opinion unanimement reçue, a essayé de soutenir que chez aucune race germanique, ni chez les Francs, ni chez les peuples non francs, il n'avait existé, pendant la période franque, une classe noble, distincte de la classe des hommes libres, des *Gemeinfreien*. Partant d'une étude du droit pénal et du *wergeld* de la loi des Frisons et des documents frisons plus tardifs, il a voulu montrer que le *nobilis* de la *Lex Frisionum*, comme l'*etheling* des documents plus récents, est précisément l'homme libre ordinaire, le *Gemeinfreie*, tandis que le *liber* de la *Lex* et le *friling* des documents postérieurs est un individu de condition inférieure, affranchi ou descendant d'affranchi. Puis, appliquant les résultats ainsi dégagés aux autres *Leges* rédigées à l'époque carolingienne (lois des Saxons, des Francs chamaves et des Anglo-Warins) dans lesquelles on voulait aussi apercevoir une noblesse héréditaire, il a soutenu que le *nobilis* ou l'*adeling* de ces lois (l'*homo Francus* de la *Lex Chamavorum*) étaient aussi des *Gemeinfreien*, équivalant aux Francs Saliens libres. Sans doute le *wergeld* de ces personnages (600 *solidi* pour l'*homo Francus* et pour l'*adelingus* des Anglo-Warins, 1440 *solidi* pour le *nobilis* saxon) (1) semble à première vue beaucoup plus élevé que le *wergeld* de l'homme libre Salien ou Ripuaire (200 *solidi*), tandis que le *wergeld* du Franc libre semble se retrouver dans celui du *liber* et de l'*ingenuus* de ces *Leges* carolingiennes. Mais M. Heck cherche à montrer qu'il n'y a là qu'une apparence; car ce *wergeld* de l'*adeling* ou du *nobilis* des *Leges* carolingiennes est calculé en *Kleinschillinge*, tandis que celui du Franc Salien ou Ripuaire se compte en

----

livres forme le tome Ier des *Beiträge zur Geschichte der Stände im Mittelalter,* dont le tome II (*Der Sachsenspiegel und die Stände der Freien*) a été publié en 1905. Joignez à ces deux ouvrages un article intitulé : *Ständeproblem, Wergelder und Münzrechnung der Karolingerzeit* (*Vierteljahrschrift für Social-und Wirtschaftsgeschichte*, II, 1904, p. 337 et s., 511 et s.).

(1) Ce taux particulièrement élevé du *wergeld* du *nobilis* saxon s'explique, pour M. Heck, par l'effet d'une *Sonderfriede*, d'une paix et d'une protection particulières attribuées, après la conquête de la Saxe, aux *nobiles* saxons par la législation carolingienne, désireuse de se concilier les sympathies de la classe supérieure. Le *wergeld* normal du *nobilis* serait seulement du tiers (480 *solidi*); comme, pour Heck, le *solidus* saxon équivaut au *triens*, ces 480 *solidi* correspondent à 160 *solidi* francs, précisément les 160 *solidi* auxquels la loi ripuaire (c. 36) fixe le *wergeld* du saxon libre, et qui sont, croit Heck, des sous d'or.

Grossschillinge. Les lois franques prennent pour base un système monétaire dans lequel le *solidus* vaut 40 deniers. Les lois des Frisons, des Saxons, des Chamaves, des Anglo-Warins sont, au contraire, postérieures à la réforme monétaire qui a substitué, au début de l'époque carolingienne, le petit *solidus* de 12 deniers au gros *solidus*. Le *wergeld* du *nobilis* des *Leges* carolingiennes (600 *Kleinschillinge*) n'est pas, en réalité, supérieur aux 200 *Grossschillinge* du Franc, tandis que l'*ingenuus* et le *liber* de ces mêmes *Leges* ne sont que des *Minderfreien* (1). M. Heck a cherché de plus à montrer que, chez les Francs, à l'époque carolingienne, une distinction, analogue à celle qui existe chez les Frisons ou les Saxons, s'est constituée entre les Francs libres et nobles, dont le *wergeld* est toujours de 200 *Grossschillinge*, et les *minoflidi*, dont le *wergeld*, tout en restant de 200 *solidi*, se compte maintenant en *Kleinschillinge*. Cette distinction, née d'abord chez les Ripuaires, puis établie peut-être au VIIIe siècle chez les Saliens par un capitulaire de Pépin, a duré jusqu'au capitulaire de 816, qui a introduit, pour tous les Francs quels qu'ils fussent, le paiement en *Kleinschillinge* (2). Il n'y a donc pas de différence entre le clas-

.(1) M. Heck a inscrit, comme devise de son ouvrage, ce texte du *capitulare Saxonicum*, c. 3, qui, en apparence, semble confirmer son rapprochement entre le *nobilis* saxon et le Franc libre : « Item placuit omnibus Saxonibus ut, ubicumque Franci secundum leges solidos 15 solvere debent, ibi nobiliores Saxones solidos 12, ingenui 5, lidi 4 componant » (Boretius, I, p. 71).

(2) Telle est du moins, dans ses traits généraux, la thèse soutenue par M. Heck, en particulier dans le second de ses livres (*Die Gemeinfreien*). Mais, dans l'article cité plus haut, et paru en 1904 dans la *Vierteljahrschrift für S. und W.-G.*, M. Heck modifie son système sur des points essentiels. Il rejette maintenant en grande partie l'idée d'une réduction du taux des amendes chez les Francs à l'époque carolingienne, et il ne croit plus à l'existence d'une profonde réforme contemporaine de Pépin ou de Louis le Pieux. Le petit *solidus* que l'on rencontre dans les *Leges* carolingiennes, et qui sert au calcul du *wergeld* de l'*homo Francus* des Chamaves et de l'*adelingus* des Anglo-Warins, existait déjà bien antérieurement ; et, dès l'époque mérovingienne, l'on trouvait côte à côte le *Grossschilling* et le *Kleinschilling*, le premier ayant une valeur triple de celle du second. Seul le rapport entre les *solidi* et les deniers a varié ; et toute la portée des capitulaires carolingiens a consisté à substituer, dans le paiement des compositions, aux anciens *solidi* de 40 deniers et de 13 deniers 1/3, les *solidi* nouveaux de 36 et de 12 deniers. Il n'y a jamais eu substitution du sou de 12 deniers au sou de 40

sement des individus chez les Francs et celui que l'on rencontre chez les autres races. Nulle part il n'y a de noblesse héréditaire, constituant une caste distincte. Les *nobiles* ne sont autres que les *Gemeinfreien;* noblesse et liberté sont, à l'époque franque, chose identique. Et M. Heck, reportant dans l'antiquité germanique le résultat de ces recherches, considère que les *nobiles* de Tacite ne forment pas une vraie noblesse, et ne sont supérieurs aux autres hommes libres que par leur situation de fait.

Ces thèses de Heck ont soulevé une longue polémique. Quelques auteurs, comme MM. Vinogradoff, Schrœder, et M. Brunner lui-même, les ont vivement combattues. D'autres, comme M. Rietschel, les ont adoptées dans leur ensemble, soutenant même que jamais, à l'époque carolingienne, le *wergeld* des Francs (Saliens ou Ripuaires) n'avait été compté en *Kleinschillinge* comme celui des races frisonnes, saxonnes, etc.; le capitulaire de 816, où Heck, comme la majorité de la doctrine, voyait une conversion du taux du *wergeld* en *Kleinschillinge*, n'aurait eu pour but que de permettre, au lieu du paiement en sous d'or, le paiement en sous d'argent, la valeur intrinsèque totale du *wergeld* devant rester la même (1). De son côté, M. Wittich s'est emparé des résultats dégagés par M. Heck.

deniers. Dès lors l'antithèse entre le mode de calcul du *wergeld* du Franc libre (en gros *solidi*) et le mode de calcul du *wergeld* des hommes des autres races (en petits *solidi*) devient de plus en plus accentuée. Il y a eu équivalence permanente, et non pas temporaire et momentanée, entre les 600 *solidi* de l'*adelingus* anglo-warin et de l'*homo Francus* chamave, et les 200 *solidi* du Franc libre. — M. Heck continue d'admettre que le chiffre unique de 200 *solidi*, que les textes francs donnent pour le *wergeld* du Franc, correspond à deux valeurs intrinsèques très distinctes, le *wergeld* étant calculé en gros *solidi* (40 ou 36 deniers) pour les *Franci*, les *nobiles*, et en petits *solidi* (13 deniers 1/3 ou 12) pour les *Minderfreien*, les *ingenui*. Mais cette distinction ne daterait pas de Pépin; elle serait, même chez les Saliens, beaucoup plus ancienne. V. l'article précité, p. 362.

(1) *Göttingische gelehrte Anzeigen*, 1902, p. 92 et s., p. 103. M. Rietschel explique dès lors sans difficulté la phrase de ce capitulaire qui décide que les Frisons et les Saxons doivent continuer à payer les compositions en sous d'or : il ne s'agit que de conserver pour eux le mode ancien de paiement, et non pas de les frapper plus lourdement que les autres Germains. Les auteurs qui croient que la réforme monétaire a eu sa répercussion sur la valeur du *wergeld* sont assez embarrassés pour expliquer ce texte, qui semble mettre les Frisons et les Saxons en dehors des avantages concédés aux autres races. V. Brunner p. 323.

Il admet, lui aussi, en se basant cette fois sur l'étude des plus anciens documents saxons, que le *nobilis* saxon est le *Vollfreie*, tandis que les *liberi*, les *ingenui* sont des colons, des cultivateurs, clients des *nobiles* et n'ayant qu'une liberté inférieure. Reportant ce tableau dans le passé, il a ressuscité l'ancienne *grundherrliche Theorie*, et soutenu que les Germains, avant les invasions, ne formaient pas un peuple d'agriculteurs, groupés en communautés de villages, mais qu'il y avait chez eux un corps de *Vollfreien*, propriétaires fonciers s'occupant principalement, sinon exclusivement, de la guerre et de la chasse, et faisant cultiver leurs terres par des colons et des esclaves (1). Il faut enfin citer, parmi les ouvrages qui, sans adopter expressément les vues de M. Heck, s'inspirent des mêmes tendances, le beau livre de M. Guilhiermoz sur *les origines de la noblesse en France*. Bien que M. Guilhiermoz s'en défende énergiquement, et bien qu'il déclare repousser comme fantaisistes les théories de M. Heck, il y a, entre les idées fondamentales de ces deux œuvres, une indéniable parenté. Pour M. Guilhiermoz comme pour M. Heck, la *noblesse* du Moyen âge n'est autre chose que la *liberté* de l'époque franque; le noble est l'ancien homme libre; le droit des nobles est l'ancien droit des hommes libres; et la classe médiévale des roturiers a sa source dans les classes serviles et demi-serviles de l'époque franque.

M. Brunner avait déjà pris à partie, dans deux articles de la *Zeitschrift der Savigny-Stiftung*, les théories de M. Heck (2). La nouvelle édition de sa *Deutsche Rechtsgeschichte* l'a conduit à prendre position en face de cette masse de systèmes nouveaux. Cette position est nettement conservatrice. Il maintient

----

(1) *Die Grundherrschaft in Nordwestdeutschland*, 1896; *Die Frage der Freibauern*, 1901 (*Z. der Sav.-Stift.*, XXII). M. Wittich croit que ces *nobiles* étaient relativement peu nombreux, par rapport à l'ensemble de la population. En cela, sa thèse s'écarte sensiblement de celle de M. Heck. Celui-ci a d'ailleurs, dans ses ouvrages, expressément repoussé les conclusions de M. Wittich, et déclaré que, pour lui, les hommes libres, les *nobiles* constituaient, non pas une aristocratie foncière restreinte, mais la masse la plus importante de la nation : ce ne sont pas seulement des *Vollfreien*; ce sont des *Gemeinfreien*.

(2) *Nobiles und Gemeinfreie der karolingischen Volksrechte*; *Ständerechtliche Probleme* (*Z. der Sav.-Stiftung*, XIX et XXIII).

d'abord, à l'encontre de Wittich, que les Germains, avant les invasions, constituaient un peuple où les *Gemeinfreien* dominaient et formaient la grosse majorité de la population, et que ces hommes libres cultivaient la terre. Le travail servile était l'exception (1). La propriété du sol était commune à tous, et il n'y avait que des partages de jouissance. Ce n'est que peu à peu que la fortune individuelle s'est développée. M. Brunner admet même maintenant catégoriquement, avec MM. Gierke et von Halban, que, à l'époque de la rédaction de la *Lex Salica* (t. 59, § 5), la terre, à la mort de son possesseur, ne passait qu'aux fils du défunt. Ce sont ces fils, et non pas les frères du défunt, que vise la loi, quand elle parle des *fratres* qui viennent, à l'exclusion des femmes, recueillir la *terra*. Si le défunt ne laissait pas d'enfants, la terre revenait à la communauté, et c'est seulement l'édit de Chilpéric qui a permis aux filles, aux frères et aux sœurs du mort de recueillir sa terre, écartant à leur profit le droit des *vicini* (2).

M. Brunner maintient, d'autre part, à l'encontre de M. Heck, l'existence d'une noblesse chez les Germains, et cela dès avant les invasions, tout en reconnaissant que cette noblesse n'avait peut-être pas dès lors un caractère juridique propre, se traduisant par un *wergeld* spécial (3). Cette noblesse se retrouve, après les invasions, dans la plupart des races germaniques. Chez les Francs, il est vrai, cette noblesse a disparu, peut-être sous l'action de la royauté, pour faire place à une noblesse de service (*Dienstadel*), celle des antrustions, d'un caractère très différent et non héréditaire. Contrairement à M. Heck, M. Brunner n'admet pas qu'il y ait jamais eu de différence de *wergeld* entre le *nobilis* dont parlent les textes francs et le *minoflidus* franc. Il y a entre eux des différences, par exemple pour le nombre des cojureurs dont ils ont besoin ; les *nobiles* francs forment une aristocratie foncière, une *gentry ;* mais ce n'est point une noblesse héréditaire avec un *wergeld* spécial. Tous sont des hommes libres, d'ordinaire des propriétaires fonciers,

(1) P. 133 et suiv.

(2) P. 281. Dans un article de la *Z. der Sav.-Stift.*, XXI, p. 17, M. Brunner avait donné une autre interprétation du texte de la loi salique, et admis que les *fratres* du titre 59 étaient les frères du défunt.

(3) P. 135 et suiv.

avec un même *wergeld* de 200 *solidi*, qui s'est toujours compté de la même façon pour le *nobilis* et pour le *minoflidus*, en sous d'or à l'époque mérovingienne, en sous d'argent après la réforme carolingienne.

M. Brunner persiste en effet à déclarer que, chez les Francs, à l'époque carolingienne, et sans doute dès le règne de Pépin, les compositions, comptées naguère en sous d'or, se sont comptées en sous d'argent. Il se sert même à cet égard des études, dont nous parlerons plus loin, de M. Mario Krammer, sur la *Lex Salica*. M. Krammer, constatant dans le Code 7 de la loi salique (antérieur à 764) et dans la plupart des manuscrits de la troisième famille l'absence de la mention des deniers à côté des *solidi* dans les tarifs de composition, pense que cette absence est due à ce fait que, dès avant 764, dans une partie du territoire salien, la réduction des amendes avait déjà eu lieu, et que, dès lors, les anciennes indications des deniers ne concordaient plus avec l'état actuel du droit (1). Cette réduction a subi quelques exceptions, par exemple en ce qui concerne le *fredus*, qui continua, jusqu'en 816, pour les pays régis par la loi salique, à se compter en sous d'or. Mais, dans l'ensemble, et en particulier chez les Ripuaires, cette réduction a été opérée dès avant la fin du VIIIe siècle. M. Brunner rejette donc également l'opinion de M. Rietschel, qui repousse toute réduction du *wergeld* à l'époque carolingienne, et l'idée, base de tous les développements de M. Heck sur le *wergeld*, que les Francs continuaient à compter leur *wergeld* en sous forts (40 ou 36 deniers), alors que furent rédigées les lois des Saxons, des Frisons, des Chamaves et des Anglo-Warins (2).

Ce point une fois admis, la suite de la démonstration devient aisée, et M. Brunner a beau jeu pour soutenir que, chez les peuples autres que les Francs, une noblesse héréditaire, distincte de la masse des *Gemeinfreien*, s'est maintenue ou s'est constituée. Çà et là, il est vrai, M. Brunner laisse la question ouverte et s'abstient de prendre nettement parti ; il admet que les *nobiles* bavarois, à l'exception des cinq grandes familles nobles, ne constituent pas une classe noble avec *wergeld* dis-

(1) Brunner, p. 323.
(2) P. 322 et suiv.

tinct. Par contre, il maintient énergiquement la présence d'une noblesse chez les peuples dont les *Leges* ont été rédigées à l'époque carolingienne.

La démonstration est particulièrement simple pour l'*adeling* des Anglo-Warins et l'*homo Francus* des Chamaves (1). Ce sont bien des nobles, distincts des hommes libres : leur *wergeld* de 600 *solidi* en sous d'argent est bien triple de celui du Franc libre, puisque le *wergeld* de 200 *solidi* du Franc libre se compte déjà en sous d'argent au moment de la rédaction de ces *Leges*. L'équivalent du Franc libre se retrouve chez le *liber* et l'*ingénuus* de ces deux *Leges*, avec leur *wergeld* de 200 *solidi*. D'ailleurs, fait observer M. Brunner, l'*ingenuus* des Chamaves ne peut pas être un affranchi, puisque la *Lex* (c. 10) l'oblige à jurer avec 12 parents : un affranchi n'a pas d'ascendants ni de collatéraux.

Il en est de même, aux yeux de M. Brunner, pour le droit frison, et voici comment il écarte les raisonnements de M. Heck. Nous trouvons, dans la *Lex Frisionum*, le *wergeld* du *liber* fixé à 53 *solidi* 1/3. Ce *wergeld*, dit M. Brunner, a été fixé en sous d'or, à un moment où les Francs comptaient déjà en sous d'argent; plus tard, le sou d'argent s'est introduit chez les Frisons; le taux ancien de 53 sol. 1/3 ne s'est maintenu que pour l'homicide involontaire; dans tous les autres cas, le *wergeld* a été triplé et est maintenant de 160 *solidi* en argent (2). Ce triplement du *wergeld* a été, non pas, comme le pense M. Heck, le résultat d'une *Landfriede* spéciale; mais simplement la conséquence de la réforme monétaire et de l'introduction du sou d'argent. Le nouveau *wergeld* du *liber* se rapproche donc de celui du Franc libre; et il s'en rapproche même encore davantage si, contrairement à M. Heck, on ajoute à ces 160 *solidi* les 30 *solidi* de *fredus*, ce qui fait 190 *solidi*, chiffre voisin des 200 *solidi* du Franc libre (3). Les *nobiles* frisons, dont le *wergeld* s'obtient en multipliant celui du *liber* par 1,5

---

(1) Que sont ces *homines Franci*, et quelle est l'origine de leur noblesse? Faut-il y voir, avec M. von Mœller, une ancienne noblesse de race ? Est-ce une noblesse d'antrustions dotés et installés, comme le pensait M. Brunner dans sa 1re édition? M. Brunner s'abstient de prendre parti (p. 351).

(2) C'est le chiffre indiqué par la loi ripuaire, c. 36, pour le *Fresio*.

(3) P. 338 et s.

(Frise centrale) ou par 2 (Frise orientale et occidentale), sont
donc, non pas des *Gemeinfreien*, mais des nobles, formant une
caste supérieure.

Enfin, pour le *liber* saxon, M. Brunner arrive aux mêmes
conclusions. Une addition récente à la *Lex Ribuaria* (c. 36)
fixe ce *wergeld* à 160 *solidi* d'argent, comme celui du Frison.
Il correspond donc bien au *wergeld* du Franc libre, surtout si,
là encore, l'on ajoute à ces 160 sous les 30 sous de *fredus*. Les
nobiles saxons, avec leur *wergeld* de 1440 *solidi* saxons, constituent donc une noblesse, et ce taux énorme, environ six fois
plus fort que celui du *Gemeinfreie* saxon (1), n'est pas, comme
le pense M. Heck, le résultat d'une innovation carolingienne.
Avec M. Rhamm (*Die Grosshufen der Nordgermanen*), M. Brunner penserait volontiers que ce taux très élevé existait déjà, au
moment où une partie des Saxons est passée en Angleterre.

On voit comment M. Brunner défend l'ancienne théorie contre les coups que M. Heck a essayé de lui porter. Il y avait
une autre voie ouverte, aboutissant à des résultats analogues.
C'est celle qu'a indiquée M. Hilliger, dans deux articles de
l'*Historische Vierteljahrsschrift* (2). Il s'attaque à l'idée fonda-
mentale, acceptée à la fois par M. Brunner et par M. Heck, et
d'après laquelle il y aurait eu, à l'époque carolingienne, substitution du sou d'argent au sou d'or pour le calcul du *wergeld* (3). Il croit que, pour le *wergeld*, les *Leges* de l'époque carolingienne comptent toujours en sous d'or, comme les *Leges*
plus anciennes. Pour lui, comme pour M. Brunner, il y a harmonie, à l'époque carolingienne, dans la computation des

---

(1) Pour M. Brunner, le *solidus minor* saxon n'est pas un *triens* comme
le croit Heck, mais un double *triens* : il vaut donc les deux tiers du *solidus*
franc. Donc les 160 *solidi* d'argent, dont parle la loi ripuaire, doivent faire,
en *solidi minores* saxons, 240 *solidi*. Le chiffre de 1440 *solidi*, donné par la
Lex Saxonum comme *wergeld* du *nobilis*, est juste 6 fois plus fort. Brunner,
p. 318, 348.

(2) *Der Schilling der Volksrechte und das Wergeld*, 1903; *Der Schillings-
wert der Ewa Chamavorum und der Lex Frisionum*, 1904. Il faut ajouter une
nouvelle étude de M. Hilliger sur le denier de la loi salique, parue dans la
même revue au début de 1907.

(3) Tous les auteurs qui admettent cette substitution l'expliquent par une
raréfaction considérable du stock or au cours de la période franque. M. Hilliger conteste absolument cette raréfaction.

wergelds, tandis que M. Heck part de l'idée de leur discordance. Seulement, alors que M. Brunner cherche cette harmonie dans une computation générale en sous d'argent dès le début de l'époque carolingienne, M. Hilliger pense la trouver dans une computation générale en sous d'or. Il admet même que le sou d'or des Frisons est un sou d'or d'une valeur triple du sou d'or franc, si bien que les 53 solidi 1/3 du *wergeld* du Frison valent, dès l'origine, 160 *solidi* francs en or (1).

M. Brunner n'admet pas la possibilité de tels raisonnements. M. Hilliger est en effet obligé d'admettre l'existence simultanée, dans les *Leges* carolingiennes, d'une série de *solidi* de valeur différente, et cela chez une [même race : les uns s'appliquant au calcul du *wergeld*, les autres s'appliquant aux autres amendes ou compositions. Une telle hypothèse paraît à M. Brunner difficilement concevable, car un pareil système ne

(1) M. Hilliger essaie aussi de montrer que, au cours de l'époque franque, le chiffre du *wergeld* s'est modifié à l'intérieur même de chaque race, et que ces modifications correspondent à un changement dans la relation entre le sou (d'or) et le denier. Les manuscrits de la *Lex Salica* et de la *Lex Ribuaria* et les autres documents francs nous donnent, pour les amendes inférieures, qui doivent être des fractions fixes du *wergeld*, des chiffres qui varient. L'amende de 60 *solidi* conduit à un *wergeld* de 180 *solidi* : c'est là, pense M. Hilliger, le système du droit franc à la fin du vi⁰ siècle : le capitulaire de Childebert II de 596 (Boretius, J, p. 15 et s.) fixe les amendes à 60 *solidi*, et aussi à 15, 7 1/2 et 3. C'est aussi le système de la *Lex Ribuaria*, c. 38 (qui hominem innocentem ad regem accusaverit : 60 sol.). Dans les textes de la *Lex Salica*, on trouve des chiffres plus élevés : 62, 62 1/2 (*Lex Salica*, 18), 63, ce qui conduit à des taux successifs de *wergeld* de 186, 187 1/2, 189 *solidi*. Le chiffre de 200 *solidi* conduit à une amende de 66 sol. 2/3. Cette élévation progressive correspondrait, d'après M. Hilliger, à une diminution de valeur des *solidi* d'or vis-à-vis des deniers : le *solidus*, qui valait originairement 42 deniers (même 48 avant 575) n'en vaut plus que 36 à l'époque de Pépin le Bref. M. Hilliger tire, de ces constatations, une série de conséquences que nous retrouverons : la loi salique est postérieure à 596 ; dans la *Lex Ribuaria*, les c. 32 et suiv., où l'on trouve l'amende de 60 sol., sont plus anciens que les c. précédents, où l'on trouve les taux de 200, 100, 50, 25. — M. Brunner rejette ces idées et s'en tient à la fixité du *wergeld*. — Ajoutons encore que M. Hilliger cherche à établir, pour toutes les races germaniques, un *wergeld* unique du *Gemeinfreie*, qui aurait oscillé entre 150 *solidi* (v⁰ siècle, *Lex Burgundionum*, droit franc antérieur à 575) et 200 ou 210 *solidi*. Il oppose à cette unité la variété des taux de *wergeld* des *nobiles*, et il croit que la noblesse est, chez les Germains, une institution de formation relativement récente.

semble guère pratique (1). Il essaie, en somme, de maintenir l'ancienne théorie sur les classes sociales, sans avoir recours à ces idées nouvelles, qui bouleversent les théories admises jusqu'alors sur l'histoire monétaire des Carolingiens.

II

Sur un autre point encore, M. Brunner maintient et développe ses positions antérieures : nous voulons parler de la question de la forme ancienne de la famille germanique. On sait le gros débat qui règne sur cette question. Beaucoup d'auteurs, MM. Lamprecht, Dargun, Heusler, et aussi, en France, M. Meynial, ont pensé que les anciens Germains, comme beaucoup d'autres peuples primitifs, avaient connu primitivement un système familial dans lequel la parenté n'existait que par les femmes, l'enfant se rattachant uniquement à sa mère et aux parents de sa mère. De son côté, M. Ernst Mayer pense que le patriarcat n'a existé d'abord que chez les nobles, tandis que les classes inférieures, jusqu'en plein Moyen âge, ont continué de vivre sous un système matriarcal. Mais surtout, depuis la première édition de la *Deutsche Rechtsgeschichte*, a paru le colossal ouvrage de Julius Ficker, ses *Untersuchungen zur Erbenfolge der ostgermanischen Rechte*, énorme travail, représentant de longues années de recherches et de dépouillement des sources, et qui, par suite de la mort de son auteur, est resté inachevé. J. Ficker ne s'est pas borné à étudier les *Leges* et les autres documents les plus rapprochés des invasions ; il a poursuivi son enquête à travers les textes du Moyen âge et des temps modernes, Fueros espagnols, coutumes municipales et *Stadtrechte*, coutumiers et *Rechtsbücher*, coutumes rédigées en France au xvie siècle. Et il a essayé d'établir que, chez tous les Germains, il n'y avait point eu tout d'abord d'unions conjugales stables, et que dès lors la première famille avait été une famille maternelle, avec parenté purement utérine. Chez les *Ostgermanen*, il est vrai, dès avant l'apparition du mariage proprement dit, un lien juridique s'est établi entre le père et l'enfant, la famille paternelle est née, et certains peuples de ce

(1) Brunner, p. 319, 337 et *passim*.

groupe en sont même arrivés à un système agnatique très
accusé. Mais, chez les *Westgermanen*, en particulier chez les
Francs, l'idée matriarcale est demeurée l'idée directrice de tout
le droit familial et successoral ; et Ficker croit retrouver, dans
des textes médiévaux ou modernes de la région parisienne, les
restes de cette conception première. C'est, par exemple, la *Ver-
fangenschaft* qui frappe les biens de la mère au profit de ses
enfants, tandis que le père, entre-vifs, peut librement disposer
de ses biens ; c'est encore le douaire des enfants, qui n'est autre
chose que la *dos* donnée par l'homme à la femme pour assurer la
stabilité des relations conjugales, et qui est, comme le reste des
biens maternels, réservée, *verfangen*, au profit des enfants qui
naîtront de cette femme ; c'est encore l'égalité qui règne entre
tous les enfants venant à la succession de leur mère, qu'ils
soient légitimes ou naturels, qu'ils soient issus d'une première
ou d'une seconde union : tandis que la succession des enfants
à leur père, qui ne s'est établie que plus tard, après l'apparition du mariage proprement dit, et qui ne s'applique qu'aux
enfants légitimes, se partage d'après des systèmes compliqués,
où l'on tient compte des différents lits. L'un de ces traits, le
douaire des enfants, semble à J. Ficker particulièrement ca-
ractéristique du droit des *Westgermanen* : ce douaire est, primitivement, la seule part des biens du père qui, chez ces peuples,
aille aux enfants ; aussi leur est-elle réservée. Au contraire,
chez les Germains orientaux, grâce à la présence d'une filiation
paternelle, même en dehors de toute union conjugable stable,
l'enfant succède toujours à son père, et là *dos*, que l'homme
donne à sa compagne, n'est faite que pour la femme seule, qui
peut librement en disposer.

M. Brunner reste un adversaire résolu de ces conceptions.
Dans la partie publiée de sa *Deutsche Rechtsgeschichte*, il n'a
pu combattre encore en détail les idées de Ficker, et il se con-
tente de prendre à partie, en s'appuyant sur les textes les plus
anciens, la thèse matriarcale, en tant qu'elle concerne l'antiquité germanique et l'époque des invasions. A ses yeux, les
Germains, comme d'ailleurs tous les Indo-Européens, ont
connu primitivement la famille paternelle ; et le matriarcat,
chez eux, n'a jamais existé. La parenté et l'ordre successoral
nettement agnatiques que l'on trouve chez les Lombards, chez

les Burgondes, plus tard chez les Scandinaves, ne sont point, comme le veut Ficker, le résultat d'une longue évolution ; ils constituent, au contraire, le point de départ de toute l'évolution ultérieure, qui peu à peu fit apparaître le droit des femmes et des parents par les femmes.

Tour à tour, M. Brunner cherche à écarter les arguments invoqués en faveur de la thèse matriarcale. Le fameux passage sur la situation de l'*avunculus*, que l'on trouve dans la *Germania* de Tacite, ne nous révèle qu'un trait de mœurs, et l'on ne saurait y voir la trace d'une règle juridique. Le titre 59 de la loi salique, qui appelle à la succession (mobilière), à défaut de fils, la mère du défunt, puis son frère et sa sœur, puis la sœur de sa mère, ne s'applique pas à toute cette succession mobilière; c'est un capitulaire mérovingien, réglant la dévolution, non pas de tous les meubles, mais seulement de la moitié des meubles qui revient aux *Muttermagen*; le droit des *Vatermagen* est fixé par la coutume, et le texte en question ne les concerne pas (1). D'ailleurs, pense M. Brunner, le droit franc applique déjà, dans toute matière (distribution du *wergeld*, etc.), un système de partage égal entre les deux groupes de parents, paternels et maternels. Sans doute, un capitulaire additionnel à la *Lex Salica* (éd. Hessels, t. 101 ; éd. Geffcken, capit. 5, § 3) décide que la mère (*mater*) recueille seule la moitié de la *Magsühne* (c'est-à-dire de la part du *wergeld* qui est réservée aux ascendants et aux collatéraux de la victime), tandis que l'autre moitié de cette *Magsühne* se divise entre trois parents paternels et trois parents maternels. Mais ici encore M. Brunner écarte l'argument que les partisans de la thèse matriarcale (par exemple M. Heusler) ont voulu tirer de ce texte. Cette *mater*, qui recueille ainsi, seule et avant tout parent paternel, une part du *wergeld*, n'est pas la mère, mais l'épouse de la victime; le capitulaire en question, introductif d'un droit nouveau, accorde à la veuve une partie de la *Magsühne* ; auparavant (*Lex Salica*, t. 62), la *Magsühne* se partageait, également, entre les parents paternels et les parents maternels de la victime, et la veuve n'y avait aucun droit.

Quant aux arguments que les légendes et les épopées ger-

____

(1) P. 432. — Cf. *Z. der Sav.-Stift.*, XXI, p. 15.

maniques peuvent fournir aux partisans de la thèse matriarcale. M. Brunner les passe sous silence. Entre toutes ces Sagas, il ne retient que celle qui fait descendre les Ingväones, les Istväones et les Erminones des trois fils de Mannus ; il y voit un argument en faveur de la haute antiquité de la filiation paternelle. Il ne parle pas des autres Sagas, et cette omission est volontaire. Pour notre auteur, la reconstruction du vieux droit germanique doit se faire : 1° à l'aide de César et de Tacite ; 2° à l'aide d'une étude comparée des documents juridiques germaniques postérieurs aux invasions ; 3° à l'aide de la philologie et de la linguistique (Cf. p. 154 à 156). Et, en fait, dans sa démonstration en faveur de la forme patriarcale primitive de la famille germanique, M. Brunner fait état des renseignements que fournissent, par ex., le *Reallexikon* de Schrader et les travaux de Delbrück (*Die indogermanischen Verwandtschaftsnamen*).

III

La partie de l'ouvrage de M. Brunner qui touche aux sources du droit est l'une des plus profondément remaniées dans cette nouvelle édition ; et ces remaniements s'expliquent par l'effort scientifique considérable qui, depuis plusieurs années, s'est porté dans cette direction, en particulier au sein du groupe d'érudits qui, sous la direction de M. Karl Zeumer, s'occupent de l'édition ou de la réédition des différentes *Leges* dans les *Monumenta Germaniae historica*. En première ligne, il faut mettre les beaux travaux de M. Zeumer lui-même sur la législation wisigothique, soit dans le *Neues Archiv*, soit dans son édition du *codex Euricianus* et de la *Lex Reccessvindiana,* soit enfin dans la grande édition qu'il a donnée des lois des Wisigoths : travaux dont il faut rapprocher le livre tout récent de M. Rafaël di Ureña y Smenjaud. M. Brunner n'a eu qu'à enregistrer les résultats acquis, qui semblent, pour la plupart, définitifs. Il nous donne de nouveaux développements sur les fragments du palimpseste de Paris, que M. Brunner, avec M. Zeumer, attribue nettement à Euric, et dont il place la rédaction entre 469 et 481, écartant, avec de nouveaux arguments, l'opinion qui les attribuait à Reccared. L'on peut, grâce

aux études faites sur ces fragments, préciser l'action exercée
par ce *codex Euricianus* sur les autres *Leges*, action que
M. Brunner avait déjà signalée dans la première édition de son
ouvrage, et en faveur de laquelle il peut apporter maintenant
de nombreuses preuves. On trouvera encore des développements nouveaux sur la révision de Léovigild, sur les re-
censions de Reccessvind et d'Erwig, sur la vulgate wisigothique, et enfin sur les fragments publiés par M. Gaudenzi,
dans lesquels M. Brunner persiste à voir une œuvre privée,
originaire de Provence et postérieure à 510 : il écarte également l'opinion de M. Gaudenzi qui y voit des restes du code
d'Euric, celle de M. R. di Ureña, qui veut y retrouver des lois
de Théodoric II (453-466), celle de M. Schupfer, qui pense à
une législation du roi ostrogoth Athalaric, et même celle de
M. Zeumer, qui verrait volontiers dans ces textes l'œuvre d'un
gouverneur de province en Septimanie à l'époque de Léovigild.

Le travail critique est moins avancé pour la loi salique, et
l'on ne semble pas être arrivé à des résultats définitifs sur des
points essentiels, classement des familles de manuscrits ou
date de la forme ancienne de la *Lex*. M. Mario Krammer a
commencé, dans le *Neues Archiv*, en vue de l'édition de la *Lex
Salica*, une série d'études sur cette loi, et il faut attendre que
ces travaux soient terminés pour juger les résultats qui s'en
dégagent. Depuis que l'on a étudié l'influence du code d'Euric
sur la loi salique, on a constaté ce fait étrange que la ressem-
blance avec ce code est particulièrement frappante dans la famille de manuscrits qui nous donne un texte plus long et plus
riche, qui contient des traces de christianisme, et que, pour ce
motif, on plaçait seulement au second rang dans la série des
familles de manuscrits. Ces manuscrits de la IIe famille et des
familles suivantes ne dériveraient donc pas, comme on le pensait, de ceux de la Ire, et ils se rapprocheraient, plus que ces
derniers, d'un archétype perdu. M. Krammer rompt donc avec
la tradition unanimement suivie depuis les travaux de Waitz
et les éditions de Pardessus et de Kern-Hessels, et il revient,
en somme, mais pour des raisons toutes nouvelles, à l'idée
émise autrefois par Pertz et abandonnée depuis lors : il compte
prendre, comme base de son édition, non plus le texte court

des manuscrits de la I⁰ classe, mais le texte plus long des manuscrits de la seconde famille.

Par ailleurs, un mouvement de plus en plus accentué se manifeste, tendant à rajeunir la date de la confection de la *Lex Salica*. Tandis que naguère on cherchait cette date à la fin du v⁰ siècle ou au plus tard dans les premières années du vi⁰ siècle, M. Krammer, constatant ces traces de christianisme dans le texte de la loi qu'il considère comme le plus ancien, et se basant aussi sur le titre 47 de la *Lex*, déclare que la loi ne peut pas être antérieure à 509. Mais surtout les travaux récents relatifs aux systèmes monétaires de la période franque ont amené leurs auteurs à des conclusions toutes nouvelles. On sait que, dans la loi salique, on trouve un *solidus* d'or valant 40 deniers. Or, M. Benno Hilliger a fait observer que les plus anciennes monnaies frappées d'après ce système n'apparaissent que vers l'année 575; jusqu'alors, dit-il, les Francs s'étaient servis d'un autre système, celui légué par le Bas-Empire romain, dans lequel le *solidus* vaut 48 deniers ou demi-*siliquae* (1). Comme la loi salique semble avoir été faite à une époque où tous les Francs vivaient sous un même roi, la loi ne pourrait même dater que du début du vii⁰ siècle; elle aurait été faite sous Clotaire II après 613, ou sous Dagobert I⁰ʳ (622-638) (2). Tout récemment, et depuis que le livre de M. Brunner est paru, M. Siegfried Rietschel (3) a repris l'idée, abandonnée depuis les travaux de Boretius sur les capitulaires, d'après laquelle le *pactus pro tenore pacis* (qui est certainement postérieur à la loi salique) serait, non de Childebert I⁰ʳ et de Clotaire I⁰ʳ, mais de Childebert II et de Clotaire II ; ce texte, comme la *Decretio Chlotarii*, et aussi comme la *Decretio Childeberti* que les manuscrits en rapprochent, que l'on en a séparée à tort, et qui à coup sûr est de Childebert II (Boretius, *Capitularia*, I, p. 15), serait donc postérieur à l'édit de Chil-

____

(1) Nous avons vu plus haut que M. Hilliger trouve, dans les taux des amendes de la loi salique, un argument de plus en faveur de la date tardive de cette loi. La loi salique fixe les amendes à 62 ou 63 *solidi*, tandis que l'édit de Childebert II de 596 les fixe encore à 60 *solidi*.

(2) Hilliger, *Der Schilling der Volksrechte und das Wergeld*, *loc. cit.*, p. 202, 455.

(3) *Z. der Sav-Stift.*, G. A., XXVII (1906), p. 253 et suiv.

péric. Ce dernier, comme la loi salique, parle du *graphio*
et des rachimbourgs; tandis que le *pactus pro tenore pacis* et
les décrets de Clotaire et de Childebert emploient l'expression
plus jeune, et empruntée à la pratique romaine, de *judices*.
M. Rietschel, acceptant en partie les données de M. Hilliger, croit dès lors que la *Lex*, sous la forme que nous donnent
les manuscrits, a été rédigée sous les fils de Clovis, Clotaire Ier
et Childebert Ier. C'est à la confection ou à la réfection de la
Lex Salica, et non pas seulement, comme on le croit d'ordinaire,
à la rédaction du *pactus pro tenore pacis*, que se rapportent,
pense M. Rietschel, les mots du Prologue le plus long de la
Lex Salica, qui nous parlent de l'activité législative de Childebert et de Clotaire.

M. Brunner n'a pas eu à apprécier les résultats de ce dernier travail. Il écarte seulement l'opinion de M. Hilliger, et
considère, comme par le passé, la rédaction de la *Lex Salica*
comme contemporaine de Clovis; il la place avant 511, car il
pense : 1° que le *pactus pro tenore pacis* est de Childebert
Ier et de Clotaire Ier, c'est-à-dire antérieur à 558; 2° que la
Lex a été rédigée à une époque où tous les Francs vivaient
sous un seul monarque, ce qui, de 511 à 558, ne s'est pas pro-
duit. Pour M. Brunner, la loi, dans la forme où elle nous est
parvenue, a été rédigée dans les dernières années du règne de
Clovis. Sur la question du classement des manuscrits, M. Brunner se tient sur la réserve, attendant la fin des travaux de
M. Krammer pour en juger les résultats.

L'étude des autres *Leyes* a été, elle aussi, dans ces derniers
temps, largement renouvelée. Sur les lois des Alamans et des
Bavarois, M. Brunner a eu notamment à tenir compte des
travaux de M. Schwind, dans le *Neues Archiv*, en vue d'une
réédition de la *Lex Baiuwariorum*; et il a résumé les résultats
du très intéressant article qu'il a publié lui-même en 1901 dans
les *Sitzungsberichte* de l'Académie de Berlin, et où il montre
que les deux premiers titres de la loi des Bavarois, comme les
titres correspondants de la loi des Alamans, sont en réalité un
capitulaire mérovingien, sans doute de Dagobert (entre 629 et
634), fait pour tout l'Empire, et réglant des points relatifs à
l'Église (donations pieuses) et à l'administration des *Duces* :
capitulaire reproduit plus ou moins fidèlement par les deux

Leges. M. Brunner ne rejette donc plus les données du faméux prologue de la loi des Bavarois, racontant l'activité législative de Dagobert (p. 420 et s.). Il considère même comme admissible l'hypothèse de la préexistence d'un *pactus Baiuwariorum*, analogue au *pactus Alamannorum* qui nous est parvenu, rédigé peut-être à l'époque de Dagobert Ier comme le *pactus Alamannorum*, et qui aurait fourni des matériaux aux lois des Alamans et des Bavarois, ce qui expliquerait les ressemblances qui existent entre ces deux *Leges* et sur le sens desquelles la critique n'est point d'accord.

A propos de la loi des Ripuaires, M. Brunner écarte les hypothèses de J. Ficker, qui, s'appuyant sur le droit des gens mariés, croit que cette loi a été faite pour des populations burgondes ; et aussi l'opinion de M. Hilliger, qui, toujours pour des raisons monétaires, prétend que la loi ripuaire est seulement du viiie siècle, et que les chapitres 1 à 31, tenus ordinairement pour les plus anciens, sont en réalité plus jeunes que les chapitres 32 et suiv. Sur la loi burgonde, l'auteur tient compte des travaux récents de M. Karl Zeumer dans le *Neues Archiv;* il maintient, à l'encontre de J. Ficker, que le § 1 du titre Ier, qui autorise le père de famille à disposer de ses biens (à l'exception de la terre comprise dans le *sors*) même *avant* d'avoir partagé sa fortune avec ses enfants, est un texte modifié après coup ; l'ancien système burgonde est celui des t. 24 et 51, qui exigent un partage préalable à toute aliénation : car le *Wartrecht* des enfants dans la fortune paternelle est, pour M. Brunner, une vieille institution germanique, et non pas une innovation récente comme Ficker le pensait. — M. Brunner écarte l'hypothèse, émise autrefois par Savigny et reprise depuis par de nombreux auteurs (Schupfer, Besta, etc.), de l'origine italienne de la *Lex Romana* appelée *Udinensis* ou *Curiensis* selon le parti que l'on prend sur cette origine ; comme autrefois, il y voit un document composé en Rhétie ; mais il avance la date de sa rédaction, et la place maintenant au viiie siècle, et non au ixe ; car il ne repousse plus *a priori* l'authenticité du testament de Tello (766) et l'utilisation de la *Lex* dans cet acte. — Il écarte encore, à propos de la *Lex Frisionum*, la vieille théorie, reprise par M. Heck, du caractère officiel et de l'unité de composition de cette loi (1). — Il a eu à dire son avis dans le débat ouvert entre MM. Ficker, Pappenheim et Kjer, sur la parenté de l'édit des rois lombards avec les droits saxon, danois ou scandinave, et à enregistrer les résultats des travaux de MM. Zeumer et Tamassia sur l'utilisation des lois wisigothiques dans l'édit de Rotharis.

Enfin, au-dessus de toutes les questions spéciales à chacune des *Leges*, M. Brunner a eu à discuter les travaux où M. Gerhard von Seeliger expose sa conception personnelle de l'antithèse du *Volksrecht* et du *Juristenrecht*. Sur la question de la personnalité des lois, il a rencontré, outre l'étude de M. Stouff, le travail récent de M. K. Neumayer sur l'application des lois personnelles en Italie. Les deux cents pages que M. Brunner consacre aux sources du droit de l'époque franque sont, de tous points, remarquables par leur précision, leur clarté, leur connaissance approfondie de tout ce qui a paru sur ces questions.

o^oo

Sans doute M. Brunner ne tardera pas à nous donner une deuxième édition du second volume de sa *Deutsche Rechtsgeschichte*. Le meilleur éloge que l'on puisse faire de son ouvrage, est de souhaiter que cette œuvre ne reste point inachevée, et que l'auteur, dans un avenir rapproché, ajoute aux deux tomes déjà publiés un tome III consacré au droit privé de l'époque franque. Il y a longtemps que M. Brunner s'occupe de ce droit privé, et la liste est fort longue des monographies qu'il lui a consacrées. Même, dans sa conscience d'historien, il a pensé que l'étude de droits plus récents (tels que les droits anglo-normand, flamand, ou hollandais) éclairerait à maints égards le vieux droit franc. Aux travaux, déjà anciens pour la plupart, sur la propriété foncière, sur la saisine, sur les actes d'obligation et les contrats de la période franque, est venue s'adjoindre, depuis quinze ans, une masse d'articles très remarquables sur le droit de famille (2).

---

(1) *Adde* maintenant : Hugo Jæckel, *Zum Heroldschen Texte der Lex Frisionum*, *Neues Archiv.*, XXXII, p. 268 et s.

(2) Nous ne voulons noter ici que les principaux : *Das anglo-normannische*

Si M. Brunner s'est arrêté dans cette voie, et si le tome III, annoncé, ne paraît pas encore, c'est, nous dit-il, à raison de la surcharge de besogne que lui a apportée le nouveau Code civil et les nouvèaux programmes; c'est aussi, ajoute-t-il, parce qu'il est de plus en plus persuadé que l'historien du droit ne doit pas cesser d'avoir présent à ses yeux, comme point où doit aboutir tout exposé historique, le droit présent. Il veut que l'historien ait toujours « le Code civil à l'horizon ». Sans méconnaître ce qu'il peut y avoir, dans cette conception, de profondément vrai, il serait infiniment regrettable qu'une telle considération vînt arrêter les études historiques et retarder gravement les progrès de la *Deutsche Rechtsgeschichte*. Quelles que soient les divergences d'idées qui puissent exister, entre historiens du droit franc, sur des questions qui, presque toutes, prêtent à controverse, les livres de M. Brunner, par la valeur de leur documentation et par la netteté avec laquelle l'auteur indique les résultats qu'il tient pour acquis, marquent une époque dans le développement de l'histoire juridique; et l'exposé détaillé, qu'il nous a promis et qu'il nous doit, de ce droit privé de l'époque franque qu'il a

---

Erbfolgesystem, 1869; — *Sippe und Wergeld*, 1882 (*Z. der Sav.-Stift.*, III); — *Ueber den germanischen Ursprung des « droit de retour »* (*Forschungen zur G. des deutschen und franz. Rechtes*, 1894); — *Die fränkisch-romanische Dos*, 1894 (*S. B. der Berl. Akad.*); — *Zur Lex Salica, tit. 44, de Reipus*, 1894 (*Ib.*); — *Die Geburt eines lebenden Kindes und das eheliche Vermögensrecht*, 1895 (*Z. der Sav.-Stift.*, XVI); — *Die uneheliche Vaterschaft in den älteren germanischen Rechten*, 1896 (*Ib.*, XVII); — *Der Todtentheil in germanischen Rechten*, 1898 (*Ib.*, XIX); — *Beiträge zur Geschichte des germanischen Wartrechts*, 1900 (*Festgabe für Dernburg*); *Kritische Bemerkungen zur Geschichte des germanischen Weibererbrechtes*, 1900 (*Z. der Sav.-Stift.*, XXI); et aussi : *Die Kirche und die Stellung der Unehelichen in der Zeit der Volksrechte* (*Ständerechtliche Probleme*, 1902, *Z. der Sav.-Stift.*, XXIII). — A ces articles, tous relatifs au droit de famille, il faut joindre les ouvrages et les articles de M. Brunner sur la propriété et les contrats : *Zur Rechtsgeschichte der römischen und germanischen Urkunde*, 1880; — *Die fränkisch-romanische Urkunde*; *Zur Geschichte des Inhaberpapiers in Deutschland*; *Zur hollandischen Rechtsgeschichte, insbesondere zur Geschichte der Rechten Gewere* (dans les *Forschungen* précitées); — *Das französische Inhaberpapier und sein Verhältnis zur Anwaltschaft, zur Cession und zur Orderpapier*, 1879 (*Nouv. Rev. Hist. de droit*, 1886); — *Das Registrum Farfense, ein Beitrag zur Rechtsgeschichte der italienischen Urkunde*, 1881 (*Mitth. des Inst. für öst. Gesch.-Forschung*, II).

déjà si magistralement esquissé dans ses *Grundzüge* (1), serait
infiniment précieux, pour les historiens du droit français comme
pour ceux du droit allemand.

ROBERT CAILLEMER

(1) *Grundzüge der deutschen Rechtsgeschichte*, 2ᵉ éd., 1903.

NOUVELLE
REVUE HISTORIQUE

DE

DROIT FRANÇAIS ET ÉTRANGER

PUBLIÉE SOUS LA DIRECTION DE MM.

Rodolphe DARESTE
Membre de l'Institut,
Conseiller à la Cour de Cassation.

Adhémar ESMEIN
Membre de l'Institut,
Professeur à la Faculté de droit de Paris,
Directeur-adjoint à l'École pratique
des Hautes-Études.

Joseph TARDIF
Docteur en droit, Archiviste-Paléographe.

Maurice PROU
Bibliothécaire à la Bibliothèque Nationale.

Georges APPERT
Docteur en droit, Secrétaire de la Rédaction.

Cette revue paraît tous les deux mois par livraisons de **10** feuilles environ et forme chaque année un beau volume in-**8°** de mille pages.

Les trente premiers volumes parus (1877 à 1906) avec les Tables de la *Revue de Législation* et de la *Nouvelle Revue historique* (1870-1885), 1 brochure.. **250** fr.

Chaque volume se vend séparément : 15 fr. de 1877 à 1889 et 18 fr. de 1890 à 1900.

Les Tables seules.. **3** fr.

PRIX DE L'ABONNEMENT ANNUEL :

Pour la FRANCE........ **18** fr. — Pour l'ÉTRANGER.......... **19** fr.

VIENT DE PARAITRE :

REVUE DE DROIT INTERNATIONAL PRIVÉ

ET DE

DROIT PÉNAL INTERNATIONAL

Publiée par **A. DARRAS**
DOCTEUR EN DROIT, ASSOCIÉ DE L'INSTITUT DE DROIT INTERNATIONAL

SOUS LE PATRONAGE DE MM.

A. LAINÉ
Professeur à la Faculté
de droit de Paris

A. WEISS
Professeur à la Faculté
de droit de Paris

F. DESPAGNET
Professeur à la Faculté
de droit de Bordeaux

A. PILLET
Professeur à la Faculté
de droit de Paris

E. AUDINET
Professeur à la Faculté
de droit d'Aix

E. BARTIN
Professeur à la Faculté
de droit de Paris

et avec la collaboration de jurisconsultes, magistrats et professeurs français et étrangers

Secrétaire de la rédaction : **P. GOULÉ**, Docteur en droit, ancien magistrat

Abonnement annuel :

France.......... **20** francs. — Étranger.......... **22** fr. **50**